AF321358

LETTRE
DE M. CONDORCET,

A M * * *,

*Magistrat de la ville de * * *, en Suisse.*

Permettez, Monſieur, qu'au moment où l'on cherche à jetter des ſemences de discorde entre nos deux Nations, un François qui connoît depuis longtems votre zele pour la Liberté univerſelle du genre humain, vous adreſſe quelques réflexions ſur les véritables intérêts de votre Patrie.

Vous auriez dû voir la révolution françoise avec plaiſir : un peuple libre de plus dans la balance de l'Europe, aſſuroit la liberté de tous les autres.

Vous auriez dû, au premier ſignal de mouvement dans nos troupes, redemander vos régiments, non avec humeur, mais comme ne pouvant plus, ſous la Conſtitution nouvelle, exiſter tels qu'ils étoient ſous l'ancienne.

Au lieu de vous effrayer de cette préten-

A

due propagande à laquelle nos émigrés ont donné une importance ridicule, vous auriez dû nous faire fentir que la juftice et l'intérêt commun de tous les peuples étoit de maintenir pour chacun d'eux le droit exclufif et indépendant de changer lui-même fes Loix, et les François vous auroient bientôt entendus.

Mais les intérêts particuliers de quelques familles accréditées l'ont emporté fur ceux de la Nation Suiffe.

Depuis la Conftitution du 3 Septembre 1791, il n'exiftoit pas en France un homme éclairé qui ne fentît que l'obftination du Roi à conferver un régiment de Gardes-Suiffes, malgré les difpofitions expreffes de l'acte conftitutionel, devoit amener de grands malheurs. L'affemblée Nationale n'a rien négligé pour les prévenir.

Parcourez nos Procès-Verbaux et vous verrez fans ceffe les Députés patriotes folliciter l'éloignement des Gardes-Suiffes. Nous ne pouvions pas tromper le Peuple en lui difant que vos Compatriotes, que nous favions être féduits par leurs Chefs, être travaillés par des Emiffaires de la Cour, n'étoient pas dangéreux pour notre Liberté. Nous voyions la défiance et l'animofité entre eux et nos Concitoyens s'accroître chaque jour d'une maniere effrayante. Nos efforts ont été rendus inutiles par la perfidie du château : au moment même où, la Constitution à la main, nous demandions le départ de cette Garde profcrite par elle, le Roi en avoit rempli fecrettement fon Palais. Au moment où il l'abandonna pour chercher fa fûrêté dans l'Affemblée Nationale, il laiffa aux Suiffes l'ordre de faire feu fur les François, et cet ordre fut éxécuté à l'instant même où des paroles de paix étoient portées et reçues. Ce n'eft donc pas au Peuple François, Monfieur, c'eft à une Cour confpiratrice que vous devez imputer la mort de vos Concitoyens. Elle eft le crime non de la Nation, mais du Roi.

Ces faits font juridiquement prouvés , font appuiés fur des faits authentiques. Une lettre trouvée fur un caporal tué le 10, et écrite à fa fille, ne laiffe aucun doute fur les fuggeftions employées pour tromper les foldats.

On a dit que vous ne reconnoîtriez point le Peuple François, comme formant une Nation, parce qu'il n'a plus de Roi. Mais vous - même vous n'en avez point, et la

Peuple François ne refuse point de vous reconnoître. N'avez-vous pas aussi détruit la noblesse dans presque tous vos états, il y a quelques siecles ? N'avez-vous pas dans plusieurs cantons, chassé les prêtres de l'Eglise romaine et saisi leurs biens ? Et vous nous traiteriez en ennemis, parce que nous avons voulu vous imiter, parceque nous avons fait quelques siecles trop tard, ce que vous avez eu le bon sens de faire il y a longtems. Il est vrai que nos Loix ont aboli toutes les distinctions et que les vôtres en ont conservé de toute espece. Mais, qu'en résulte-t-il ? Sinon que nous avons suivi comme vous dans votre systême politique, l'esprit du tems où nos Loix ont été faites ?

Convenez, Monsieur, qu'un Peuple a toujours le droit de se donner des Loix et de les changer ; convenez qu'il a le droit de se délivrer d'un Roi, d'un Seigneur qui a violé ses Sermens. Montrez que vous regardez notre conduite comme légitime, ou bien l'héritier de la Maison d'Autriche viendra, de vieilles chartes à la main, révendiquer les Droits que vous lui avez ôtés, la Souveraineté dont vous l'avez dépouillé.

N'oubliez pas que Joseph II. faisoit chercher ces titres dans vos Archives, qu'il payoit des traitres pour les y voler.

(5)

Vous n'êtes plus ce Peuple pauvre qui n'avoit que du fer. D'immenses capitaux, produit de votre industrie, ont été versés sur ce sol jadis ingrat, aujourd'hui fertile ; vous avez des villes riches, commerçantes, vos terres se vendent plus chèrement qu'en aucun pays du monde, vos Citoyens ont de l'or, vos états ont des trésors, vous êtes devenus dignes de tenter l'avidité des despotes et ils ne vous épargneront pas.

Comparez avec moi le résultat de deux systêmes entre lesquels vous avez à choisir, celui de votre union intime avec la France libre et triomphante, celui où la France abandonnée ou attaquée par vous, pourroit être subjuguée ou forcée de soumettre sa politique à celle du Cabinet de Vienne.

Dans le premier, votre indépendance est assurée ; une république de vingt-six-millions d'hommes vous la garantit et par loyauté et pour l'intérêt de sa sûreté. Dans le systême contraire, entourés de toutes parts par les possessions de la Maison d'Autriche ou des Princes soumis à sa puissance, vous n'aurez que l'indépendance qu'elle voudra vous laisser, vous ne serez libres que si elle aime mieux vous ruiner, que, vous conquérir.

Suppofons que les Rois fe prêtent au dé-
lire de l'ambition de quelques Bernois, que
Neuchâtel et la Franche-Comté foient le
prix de la guerre que le Canton de Berne
feroit à la liberté ; quel bien en réfulteroit-
il pour vous ? d'être, fous le nom d'alliés,
les efclaves de l'orgueil d'un de vos co-
états ou d'être partagés entre la France et
l'Autriche réunies contre vous.

L'exemple de la Pologne doit effrayer
toutes les Nations indépendantes, et il fau-
droit être aveugle pour ne pas voir que le
fyftême des partages eft devenu celui des
grandes monarchies.

Songez que vous êtes l'unique barriere
entre la Maifon d'Autriche et l'Italie, où
cette puiffance regne feule en ce moment ;
fongez qu'elle ne négligera aucun moyen
d'affurer cet Empire aujourd'hui précaire,
qu'elle ne doit qu'à la foibleffe du Roi de
Sardaigne, à la corruption de Venife, aux
trahifons de la Reine de Naples.

Un traité entre nous eft facile à faire.
La garantie refpective de l'intégrité de la
France et des États Suiffes, la garantie
non moins importante de leur indépendance
en feroit la bafe.

La condition feroit, pour la Suiffe, de

fournir des armées pour défendre la France de toute attaque fur la frontière d'Italie et fur celle d'Alface jufqu'à Landau. La condition, pour la France, feroit de défendre la frontiere de la Suiffe du côté de l'Italie et de celui de la Souabe. Dans ces deux fuppofitions d'attaque, la puiffance alliée fe trouve fur le flanc des ennemis de la puiffance attaquée.

Des intérêts auffi évidents, auffi puiffans, ceux de votre Liberté, ceux de votre indépendance, feroient-ils donc balancés par la crainte de l'introduction des principes françois. D'abord, quel mal vous feroient ces principes, fi vous les adoptiez ? Ils déplaceroient les divers pouvoirs ; mais comme vous n'avez ni Nobleffe, ni Clergé à détruire, comme vos droits féodaux librement confervés par d'anciennes conventions, ne peuvent être chez vous l'objet d'un mouvement général, comme vos impôts font légers, vous n'avez à craindre aucune de ces agitations qui foulevent à la fois toute la masse d'une Nation.

D'ailleurs vos Chefs fe flatteroient-ils de faire croire éternellement aux Helvétiens qu'ils tiennent leur Liberté non de la nature, mais de chartes écrites il y a quel-

ques fiècles ; qu'ils doivent rester éternellement foumis aux Gouvernemens que ces
chartes ont établis ; que les hommes du 14e.
du 15e. du 16e. fiècle avoient bien le droit
de fe donner les Loix les plus propres à
faire leur bonheur, mais que ce feroit un
crime pour leurs defcendans de vouloir exercer ce même droit dans le 18e. fciècle ;
qu'alors les hommes étoient affez éclairés,
affez fages pour choifir la Conftitution qui
leur convenoit, mais que depuis qu'ils savent
lire, depuis que les vérités fondamentales
de l'ordre focial ont été analyfées et difcu-
tées chez tant de peuples, ils font devenus
incapables de faire ce choix. Ces Chefs
s'imaginent - ils faire croire encore long-
temps à leurs Concitoyens que la qualité
de Bourgeois de tel ou telle ville, tranf-
mife par héritage ou acquife fuivant une
certaine forme, donne fur les habitans d'un
territoire un droit de fouveraineté éternel
et irrévocable.

Non fans-doute, le principe des Confti-
tutions Américaines et Françoifes, celui de
la fouveraineté inaliénable du Peuple, eft
maintenant une de ces vérités qu'il n'eft
plus poffible ni d'obfcurcir par des fo-
phifmes, ni de cacher aux hommes les

(9)

moins éclairés : et le moyen de faire haïr
à un Peuple son gouvernement actuel, se-
roit de s'obstiner à lui dire qu'il n'est pas
en droit de le changer. Il verroit qu'on veut
le tromper pour l'asservir, l'aveugler pour
le dépouiller.

Tout Prince, tout Sénat, tout corps de
Citoyens qui méconnoîtra cette maxime sa-
crée, se déclarera par cela seul, l'ennemi et
le tyran du Peuple qu'il veut gouverner malgré lui.

Voulez-vous conserver vos Gouverne-
ments tels qu'ils sont, n'irritez pas vos Cy-
toyens en leur contestant leurs droits, mais
gouvernez avec assez de justice et de sagesse
pour qu'ils craignent les changemens, au lieu
de les désirer. Ne voyez-vous pas qu'en trai-
tant les François comme des ennemis parce-
qu'ils professent les vérités que vous crai-
gnez, vous les obligez pour leur propre sûreté, à faire tous leurs efforts pour les répandre. Ne voyez-vous pas que les Gouvernemens en se déclarant contre nous, nous
forcent à chercher des alliés dans ces mêmes
Peuples dont leurs Chefs trahissent et mé-
connoissent les droits. Pour ceux qui font
persécutés, le prozélytisme devient une

arme que le droit de la défenſe naturelle leur commande d'employer.

Ainſi, vous n'empêcherez point les vérités, qui ont été le principe de notre révolution, d'être connues, adoptées parmi vous comme dans tout autre pays, et en vous uniſſant à nos ennemis, en paroiſſant les favoriser, vous ne ferez qu'augmenter en nous le déſir de répandre ces opinions parmi vous. Vous ne ferez que montrer à vos Citoyens la néceſſité de mettre en pratique ces maximes ; car ils ſentiront aiſément que vos Chefs ne haïroient pas tant ces principes, s'ils n'avoient pas le déſir coupable d'abuſer d'un pouvoir qu'eux-mêmes en ſecret regardent comme illégitime.

Le temps de tromper les hommes eſt paſſé, et les Gouvernemens quels qu'ils ſoient, qui voudroient encore fonder leur pouvoir ſur l'ignorance et les erreurs des Peuples, doivent s'attendre à voir le coloſſe de leur Puiſſance s'écrouler bientôt ſur ſa baſe trompeuſe et fragile.

Enfin vous avez des Cantons, des Etats alliés purement démocratiques ; eſpérez-vous les aveugler au point de ne pas voir que notre cauſe eſt la leur, de ne pas ſen-

tir qu'il vaut mieux pour eux devoir leur
sûreté, leur indépendance à la noble amitié
d'une démocratie de 26 millions d'hommes,
qu'au mépris des tyrans de la Germanie.
Les frères, les descendans de Guillaume
Tell, rougiroient d'accepter cette honteuse
protection. Les successeurs d'Albert d'Autriche, les héritiers de Charles-le-Témé-
raire sont encore à vos portes, ils y sont
avec l'insolence héréditaire des brigands
couronnés; ils sont là pour exercer sur un
Peuple libre, ces fureurs auxquelles vos
ancêtres ont su échapper. C'est entre des
Tyrans sans pudeur et des hommes libres,
c'est entre les successeurs de Gessler, et les
imitateurs de Tell, que les Suisses encore
dignes de ce nom, que ceux qui n'ont point
plié la tête sous le joug de l'aristocratie,
ont à choisir aujourd'hui. Croyez - vous
qu'ils puissent hésiter ? Non : les d'Erlach,
les nobles despotes de Berne peuvent tra-
hire leur pays, peuvent trafiquer de sa liberté contre l'or de l'Autriche; mais les
braves Paysans des montagnes de l'Hel-
vétie ne se laisseront pas séduire par ces
vils esclaves, accoutumés depuis tant de
siècles à vendre aux Rois le sang de leurs

frères. C'eſt à Berne que ſont aujourd'hui les Gisler, C'eſt là que, s'il reſte encore dans les veines des Suiſſes quelques gouttes du ſang de Tell, ils doivent aller combattre la tyrannie.

FIN.